Мои Райские

ПАВЛИНЫ

Реальные Истории
Удивительных Птиц

Елена
Булат

978-1-952907-86-9

Мои Райские

Павлины

Реально-Сказочные Истории Удивительных Птиц

ISBN: : 978-1-952907-86-9

Contents

Вступление

Книга содержит реальные истории из жизни двух удивительных птиц - павлинов, неожиданно появившихся на Калифорнийском ранчо.

Кроме того, в книгу включена увлекательная информация и чудесные фотографии, сделанные автором. В книге приводятся стихи, легенды, загадки и умные пословицы об этой «райской птице», как ее называли в народе.

Эта книга принесет много радости, знаний и эмоционального развлечения как взрослым, там и детям. А время, проведенное в семье, всем вместе, да еще с полезным изучением чего-то нового - самое дорогое, что есть в человеческих отношениях.

Эта книга хороший подарок для любого человека и в любое время года. Радуйтесь все вместе чудесам мира и природы.

***

Вот так и проходила наша жизнь на Калифорнийском ранчо. В течение нескольких лет мы изучали бальные танцы и Аргентинское танго. А потом начали устраивать благотворительные концерты и много путешествовали на круизах. Прошли годы, и настало время для чего-то более спокойного, как оказалось – это было время для писательского творчества. И вот пришло время – приключение с павлинами. Это был новый, необычный и неизведанный мир павлинов.

***

Чудеса

«Сказка ложь, да в ней намёк,- добрым молодцам – урок». Такой поговоркой заканчивались многие Русские сказки. И так же повторяла старая бабушка, стараясь научить свою маленькую внучку мудростям древних поверий.

Однажды утром в саду раздался пронзительный, и как бы кого-то-зовущий, крик большой птицы. Мы никогда не слышали такого странного и громкого крика. Огромные, от потолка до пола, окна Южной части дома, выходили в сторону сада. Взглянув в окно кухни, мы были поражены странным видением голубой птицы, важно расхаживающей по саду, как будто она уже владела им.

К нашему глубочайшему удивлению, это был красивейший, индийский павлин, с очень длинными перьями хвоста. Эти разноцветные, как радуга, перья имели особые отметины в виде глаз, типичные для этого вида павлинов. Вдруг, увидев, что я приближаюсь к нему, павлин, видимо, захотел произвести самое наилучшее впечатление и похвастаться своей удивительной красотой. Он поднял свой хвост вверх, раскрыл его веером и три раза прокричал свое приветствие.

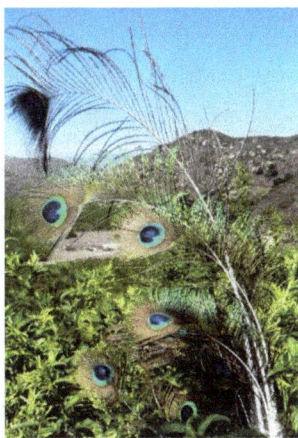

Он добился поразительного эффекта, и мы в удивлении замерли, не решаясь его спугнуть.

Как такая «райская птичка могла попасть в сад нашего ранчо на высоком холме, далеко от людей и цивилизации. К тому уже, сад был окруженный металлическим забором.

Павлин важно и неспешно радовался огромному пространству, где он вдруг оказался, и что-то клевал на земле. Потом, он удобненько устроился под кустом, немного отдохнул, и опять начал разгуливать по саду, громко крича и зовя хоть кого-то составить ему компанию. Как выяснилось, павлины не любят жить в одиночестве, сами-по-себе, им становиться грустно. Они вообще много и громко кричат, объясняя что-то не понимающим их людям. А иногда, они так приглашают своих друзей присоединиться к ним, созывая своих подруг разделить их новую райскую жизнь.

Этот красавец-Павлин стал не просто украшением нашего сада. Он весь день поглощал всех вредных насекомых, которых в саду было в изобилии, ящериц и даже змей. У него были крепкие, острые ногти на ногах и он мог хоть немного, но отражать чью-то агрессию или сам слегка атаковать тех, кто ему мешал.

Наш Павлин часто подходил совсем близко к дому, и уютно устраивался под навесом, где когда-то жил наш старый пес. Там он долго сидел, смотря вдаль, вспоминая свою прежнюю жизнь в узком и тесном пространстве клетке. Теперь же он, наконец, был счастлив, обретя весь сад.

Вскоре, нам стало ясно, что его кто-то привез ночью к нам в пластиковом мешке, который мы вскоре нашли у деревьев. Кто-то был, так же как и мы, сначала поражен красотой этой королевской птицы и хотел владеть ею, не изучив её особенности.

А павлины нуждаются в большом пространстве, и страдают, живя в маленьких клетках или на небольшом участке заднего двора. А еще частые душераздирающие крики павлинов-самцов в брачный период вызывают вполне естественное неудовольствие соседей.

Кричат павлины очень резко, и особенно неприятно слышать их «пение» в тёмное время суток. Видимо, соседи прежних легкомысленных владельцев павлина, устали от его громких криков, и стали жаловаться на нарушение их покоя. И, желая отделаться от этой необдуманной покупки, прежние владельцы выбросили птицу к нам на ранчо, пока тот спал.

Наблюдать за павлином было не только интересно. Павлин как-бы наталкивал на мысли о необходимости блистать, проявлять себя с лучшей стороны, и радовать того, кто жил рядом, своей красотой.

Но опять же, одно неудобство все же вскоре стало мешать и нашей тихой жизни: Павлин много и громко кричал. Было ясно, что ему очень одиноко одному даже в прекрасном большом саду. Он хотел создать семью, детей, иметь надежное укрытие и просил нас построить ему дом. А еще, ему очень хотелось пить и есть, и его крик был единственным языком общения, которым он пытался объяснить людям свои нужды… Но мы это поняли не сразу…

***

С появлением в саду Павлина, я стала читать об этих удивительных птицах.

Оказывается, когда-то они проживали на тихоокеанских островах, в Индии, и Австралии. «*Жар-Птицы*» присутствовали в рассказах мореплавателей, восхищавшихся ярким оперением и красотой пернатых. Согласно легенде, первыми увидели птиц голландские первопроходцы и назвали их «*Райские Птицы*». Чудесные птицы из легенд и сказок всегда привлекали много внимания, и их любили разводить короли.

Интересно, что павлин как бы воплощает символ сияющей славы, бессмертия, величия и неподкупности. Но в то же время, это также символ гордости и тщеславия. В древних культурах Индии и позже в Иране великолепный хвост павлина стал символом всевидящего Солнца и вечных космических циклов.

***

Утрата

Павлин беззаботно и важно гулял в саду, периодически веером расправляя свой чудесный хвост, демонстрирую свою неземную красоту, и крича о тщетности тусклого бытия, где нет заботы о красоте.

Как-то неожиданно в сад выскочили собачки, и молодой Тузик

помчался за ним. Но тот быстро взлетел, и, пролетев немного, уселся на развесистый дуб внизу дороги, недалеко от сада. Он там сидел, грозно и громко так трубил (как ему казалось), точь-в-точь как слон, таким же низким голосом.

Павлин был сильно напуган, и хотел отогнать молодую собачку подальше от себя. Добрая Соня стояла рядом, молча удивляясь всей этой энергичной и необычной активности в её тихом саду. Ей особенно казался ненужным громкий лай двухлетнего Тузика на беззащитную птицу, сидевшую высоко на дереве. Посмотрев еще немного на всю эту ненужную суету, она ушла. А мне пришлось увести Тузика в другую часть двора, подальше от сада.

Вечерело. Обычно после захода солнца павлины стараются быстро найти удобное и безопасное место для ночлега. Но этот молодой павлин видимо забыл, что он умеет летать. А попасть назад в огороженный забором сад было трудно. Спускаться вниз с дерева было опасно, но он все же попытался найти путь «домой» пешком.

И вдруг пронзительно-громкий крик павлина о помощи разнесся по окрестностям ранчо. Это стая койотов (шакалов) пробиралась к дубу, под которым он сидел.

На следующий день мы с собаками пошли искать павлина. Но около дуба, где он сидел, собаки заволновались и забегали вокруг дерева, нюхая землю. Там всюду валялись прекраснейшие голубовато-

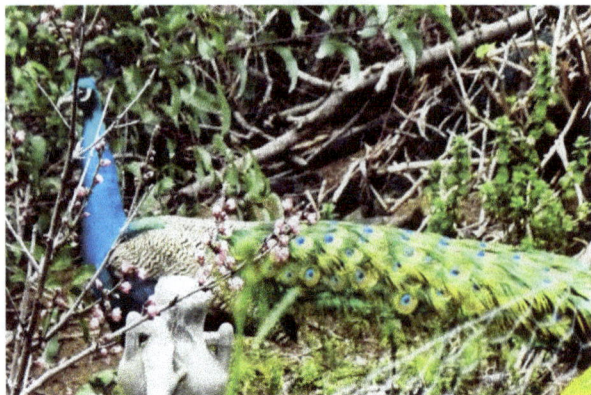

зеленые перья от хвоста волшебной птицы. Это все, что осталось от красавца павлина после встречи со стаей шакалов.

С чувством вины, я принесла эти прекрасные перья домой и поставила в вазу. В углу высокого холодильника они возвышались, как память, или как урна с прахом от умершего дорогого тебе человека, о котором мы не заботились, пока он был жив. Но эти мертвые перья в углу были лишь тусклым отблеском той неземной красоты, что павлин демонстрировал в саду.

Чувство вины мучает совесть, как бы «съедает» человека. И хочется верить, что может быть, однажды утром эта райская птица опять чудом появится в саду, разбудив нас особым криком, зовущим друга.

Мне так хотелось верить в чудеса или самому творить чудеса. И мы отправились в путешествие, чтобы найти райскую птицу и вернуть её в наш, теперь такой пустой и тусклый сад….

***

Строительство Клеток

Как-то я узнала, что у павлинов очень чуткий сон, и никто не сможет незаметно проникнуть в сад, не разбудив Жар-Птицу. И почуяв чужаков или опасность, павлин начнет громко кричать, призывая всех на помощь. Так что, выходило, что эта удивительная птица могла бы стать для нас отличным звоночком-защитником. И я решила купить двух павлинов.

Но сначала надо было приготовить все необходимое для новых жильцов ранчо, чтобы им было безопасно и радостно жить. Мы наняли работников, и начали строить огромные клетки в саду. Каждая клетка была сделана из дерева и покрыта железными сетками. Дикие павлины любят

взлетать на ночь высоко, на дерево, и там отдыхать. Это было главное и в строительстве наших клеток для удивительных птиц. Они были довольно просторными и очень высокими, с несколькими полками для отдыха и ночлега птиц.

Клетки должны были быть также достаточно широкими, чтобы павлины могли открыть свои хвосты и покрасоваться ими. А также, все три слетки были соединены переходами. Так что, птицы могли гулять, где хотели. Этот переход с пятнадцатью ступенями вел наверх в сад. А потом, этот переход был также покрыт проволочной сеткой, чтобы никто из хищников – врагов павлина - (вроде голодного енота) не мог забраться внутрь к ним. Вскоре все три огромные клетки были сделаны.

***

Новое Место

После постройки первой клетки в конце мая, я нашла местную ферму павлинов с хорошей репутацией и купила двух молодых птиц. Они были самой красочной, «индийской» голубой расцветки, - «Индиан Блю». К тому же, павлины были братья, которые никогда не расставались прежде. Потому их и продавали вместе.

Хозяйка павлинов приехала с мужем, привезя огромных птиц, завернутых в целлофановые мешки, и с завязанными крыльями. Только их головы торчала снаружи, чтобы им было легче дышать.

Мы проводили всех в недавно построенную первую клетку, и хозяйка развязала мешки. Первый павлин (я его назвала Петя) сразу же встряхнулся, и взлетел повыше и подальше от всех. Он был огорчен расставанием с большой куриной семьей на ферме. НО особенно его возмущало то, что его никто не спросил, не принял во внимание его мнение о переезде на новое место.

- *Никто больше не уважает права птиц*, - бурчал он.

А его брат Петруша, уже развязанный, сидел тихо-тихо, без движения. Было ясно, что они оба были сильно напуганы переездом и новым местом.

А потом их бывшие хозяева засобирались домой. И вскоре павлины услышали шум отъезжающей и дорогой звук знакомой им машины. Они с тоской повернули головы в сторону удаляющегося родного им звука, и громко так, раздирающе-резким звуком закричали вслед:

«А как же мы!? - Возьмите нас с собой! Мы хотим домой!!!

Это выглядело так, будто павлины знали, что их оставили в этом новом для них и еще чужом месте навсегда...

***

Безопасный Дом

Через несколько дней, казалось, что павлины были довольны их чудесным новым жильем. В этих огромных клетках, с хорошо укреплёнными нижними стенами, они чувствовали себя в безопасности. Весь день братья проводили в одной из клеток на земле, совсем мало двигаясь.

Постепенно они привыкли к новой обстановке и перестали кричать. Лишь изредка они реагировали на какие-то звуки в саду или белку, забравшуюся к ним в гости без разрешения.

У них были особые голоса для разных событий. Особенно часто павлины использовали трубный голос слона, когда они пытались казаться важными и пугающими для хищников

Дважды в день хозяйка заходила в клетки, чтобы их почистить. В таком случае она брала пушистую веточку от сосны и выпроваживала павлинов наружу. Ей хотелось, чтобы павлины погуляли в саду, поклевали свежей травки, поискали червяков или что-то еще, как обычные птицы. Она убеждала их, что это было бы им полезно. Но павлины не верили в это, и громко кричали от возмущения, не желая выходить гулять. А потом, они стояли около двери, ведущей в их царство. Но видя, что их заветная дверь закрыта, они начинали бродить вверх и вниз вдоль сетки, окружающей клетки, и кричали:

- *«Пикок! Откройте клетку! Павлину дома лучше! Павлин дома проживет до пятидесяти лет с хорошей кормежкой!»*

Понаблюдав несколько раз за такой сценой, хозяйка поняла, что её питомцы предпочитают быть внутри, в безопасности их жилья,

чем гулять на такой заманчивой, но коварной свободе.

И тогда её пришлось, каждый день рвать особую, полезную траву «осоку» и приносить птицам внутрь. Их «прогулки» сократить до пяти минут, пока она чистила клетки. А потом павлины мчались назад,

забивались в угол у зеркала и там сидели весь день.

Первое время ночью они мяукали, точь в точь, как настоящие коты. Удивительно, что птицы когда-то научились подражать котам их же голосом. Но звучало это очень жалобно, будто павлины тосковали по их прежнему дому, где они прожили их первые три года.

На ночь павлины взлетали на высокую полку, и спали до утра, спрятав голову под крыло. Пока один был в глубоком сне, его брат дежурил, наблюдая за всем вокруг, и периодически покрикивал, если его что-то беспокоило.

- «Пикок! - Павлины здесь!- Все занято!»

***

Внутри

Вначале, не зная ничего о жизни удивительных павлинов, строители положили зеленое искусственное покрытие на землю клетки. Птицы ничего не сказали и стали привыкать к такому новому полу. Даже иногда пытались танцевать вокруг подпорок их полок, медленно отступая назад. Порой они взлетали на верхние полки и смотрели, что делается наружи.

Но убирать такую искусственную траву было трудно. Это покрытие долго оставалось мокрым, грязным и сильно пахло. Так что однажды хозяйка его убрала, и птицам стало намного приятнее

на земляном полу, где они проводили большую часть времени, зарываясь в пыль.

Другой раз хозяйка решила «улучшить» земляное покрытие и принесла деревянный настил. Но павлины были этим очень недовольны. Они вообще были консерваторы, и не любили

13

перемены в их жизни. А этим настилом они были просто напуганы, обходили его, перелетая с полки на полку. Так что и этот настил хозяйка убрала.

Но вот что любил Петя больше всего, это стоять около большого зеркала и любоваться своим хвостом. Иногда он что-то клевал с зеркала. Увидев это, хозяйка купила несколько других зеркал и поставила в разных клетках, чтобы и другой павлин - Петруша мог полюбоваться своим оперением.

Особенно павлинам нравится, когда убирают их клетки. Птички сразу идут к чистому месту, и Петя с удовольствием плюхается на свежую, прохладную землю возле своего зеркал.

Павлины часто и гордо ходят около зеркал, поворачиваясь вокруг себя, и восхищаясь их удивительными красочными хвостами.

Но в течение всего лета они теряли перо за пером и перестали «танцевать» перед зеркалом. Им как бы даже дышалось лучше в жару, и

даже легче было прыгать на полки. Их переливающиеся огромные хвосты медленно опадали, украшая пол клеток волшебные перьями. Хозяйка собирала всю эту красоту и дарила букеты из перьев всем друзьям и знакомым. А павлины ей говорили:

- *Дари-дари нашу красоту всем вокруг. Все что подаришь другим, тебе вернется вдвойне. А мы тебе еще отрастим их за лето, и зиму будем с длинными прекрасными хостами всем на радость.*

14

Характеры

С момента появления на ранчо индийских голубых павлинов, мы поставили камеры видео наблюдения к ним в клетки, и многое о них узнали. Два павлина, трехлетние братья были очень близки друг к другу, и все делали вместе. Эти прекрасные существа вообще были очень нежные птицы, с большим характером. Хотя на первый взгляд они казались ленивыми и медлительными, но в то же время, павлины были наблюдательны и многое понимали.

Один из них на несколько минут старше брата и держит его в подчинении, считая себя более умудренным и главным. Его зовут Питер, и он чувствует, что его младший брат должен слушаться его во всем. Главное, что Петя имеет право старшинства и первым подходит к принесенной еде, чтобы выбрать все лучшее. А Петруша в это время послушно ждет в стороне, пока его брат наестся вдоволь.

Петр и Петруша — благодарные птицы и всегда говорят «спасибо» за все, что хозяйка для них делает. На их языке «спасибо» звучит как очень тихое «Кью». Это звучит так же, как иногда кудахчут или бормочут обычные желтые куры.

Самое удивительное, что они разговаривают друг с другом особым языком. Это был нежный и тихий язык любви и уважения таинственных птиц. Но этот язык не открывается для всех. В сердце должна жить любовь, чтобы понимать язык живых существ.

После того, как хозяйка приносит птицам их любимую еду (свежие ягоды), они ласково шепчут ей «Кю -Спасибо».

Более того, они очень вежливы друг с другом, везде ходят вместе, не обгоняя идущего впереди. Если один ушел куда-то чуть дальше другого, то его брат громко оповещает отставшего, советуя ему что делать и куда идти.

Они постоянно общаются, переговариваясь с друг другом. Но старший Петя любит командовать, навязывать свое мнение и контролировать брата. Он беспокоится, если не видит его рядом с собой, и громко его зовет.

- «*Пикок - Павлин! «Иди сюда, я тебя не вижу»*

- «*Три вкусная травка,* – отвечает ему отставший брат, продолжая что-то клевать в траве и мечтающий о меньшем покровительстве.

- «*Какая чудесная жизнь у нас здесь, на ранчо, не правда ли?!»,*_ – обычно они шепчут друг другу….

***

Нежданная Гостья

Как-то маленькие птички в саду поняли, что они могли бы тоже хорошо и без проблем питаться внутри клеток павлинов. Им только стоило постараться как-то туда попасть. И вот однажды первая

из таких умненьких пташек, наконец, нашла довольно большое пространство в сетках, покрывающих крышу. Она влетела внутрь, быстро нашла еду и хорошо пообедала. Но потом, она совсем забыла, как она туда попала, и как теперь выбраться на волю.

Каждый вечер хозяйка приходила в клетки, чтобы их почистить и попрыскать специальным раствором от микробов. Так ей хотелось, чтобы павлины были здоровыми, ухоженными, и чтобы им хорошо спалось.

Увидев хозяйку, пташка испугалась и заметалась, пытаясь вырваться в сад. Но в суете и испуге, она не могла ничего сообразить, и попадала между двумя разными металлическими сетками, покрывающими стены клеток. Там она застревала и барахталась, громко крича о спасении.

Хозяйка попыталась ей помочь, и стала махать веточкой в сторону двери. Но птичка еще больше испугалась, не умея логически рассуждать. Потом, она просто уселась на перекладину, и молча сидела там, отдыхая от пережитых волнений.

И вот в главную клетку плавно и важно поплыли красавицы-павлины, готовясь для сна. Но тут они увидели птичку, сидящую на их любимом спальном месте. Павлины одновременно повернули к хозяйке их красивенькие головки с коронами, и сильно удивились.

- *Ты сдала в аренду угол этой новой птичке, не спросив нашего желания и разрешения?* – по привычке стал ворчать, слегка возмущенный старший павлин.

- *Она и раньше здесь бывала и съедала наши лучшие зернышки! А теперь вот решила здесь поселиться?* – вторил ему другой павлин Петруша, который во всем и всегда следовал старшему брату.

- *Нет-нет* – сказала хозяйка, - *я просто не могла ей лучше помочь найти выход.*

- *Ну, это же проще-простого,* – ответил старший павлин.

Он тут же что-то тихо прошептал птичке, и она быстро упорхнула в нужном направлении. А павлины взлетели на их полочки и остались там отдыхать до утра.

***

Агрессивный Койот

На воле в природе, у павлинов было много врагов. Особенно были опасны шакалы, койоты и ракуны. Однажды, по видео камерам, мы увидели, как ночью в сад пробрался молодой койот. Он ходил взад-вперед около клеток, внимательно рассматривая павлинов, и думая, как бы попасть внутрь. Он давно был голоден и мечтал полакомиться вкусненькой птичкой.

Птицы были очень напуганы, много кричали, пытались прыгнуть повыше, и даже сломали несколько перьев. Невзирая на ночное время, хозяйка, услышав этот шум-гам, схватила ружье и позвав Тузика, выскочила в сад. Но там она только услышала чей-то громкий свист, отзывающий койотов, и шум убегающих ног.

***

Нахальная Белка

Однажды павлин Петруша решил стать более самостоятельным и пошел один погулять да «мир посмотреть». Петруша смело преодолел все пятнадцать ступенек из клеток наверх, и увидел, что дверь в заманчивый мир сада открыта. Он мужественно зашагал к выходу, и через решетку, соединяющую клетку с садом, оглядывал манящий сад. Потом он некоторое время стоял на лестнице, думая, стоит ли ему продолжать это путешествие в одиночестве. Затем он еще чуть больше, но осторожно выглянул наружу.

В саду все выглядело таким зеленым и привлекательным, гораздо лучше, чем в клетках с голой землей. Он прогулялся немного недалеко от клетки, собирая в траве что-то вкусненькое. Это было

высочайшее удовольствие наслаждаться новым окружением и свободой, которой у него никогда не было. Ему было так хорошо, что даже немного хотелось петь, и он проворковал свое тихое «Кю-Кю.»

Потом павлин прошел дальше и увидел ловушку с белкой внутри. Он радостно остановился около клетки и стал отчитывать белку. Павлин кричал, что белки вообще «беспредельничают» в саду, забираются в клетки к павлинам без всякого стыда и совести.

А главное, совсем недавно, эта белка с бельчатами, забравшись внутрь клетки павлинов, запрыгнула на подвесную корзину с вкусной едой и быстро её съела. Там же, рядом с ней бегали друг за другом её бельчата, играя в догонялки. А потом белка быстро взобралась на столб, нашла в сетке небольшую щель и скрылась в саду. Павлинам в это время пришлось только делать вид, что они не замечают баловства белок. Но все же они запомнили их шалости.

И вот настал час расплаты: белка попалась в клетку. Гуляя в саду, Петруша увидел эту же белку и отсчитал её за её былые проказы. А потом он оглянулся, не увидев, испугался и начал трубить во все горло.

- *«Брат, где ты, помоги-помоги, как домой попасть?»*

Его брат Петя немедленно прокричал куда идти, голосом направляя своего брата обратно в клетку. Они были счастливы встретиться снова уже внутри надежного дома, где их ждали вкусные семечки.

Павлины ни с кем не хотели делиться своей едой. Чаще всего они не желали питаться старой едой, в которой побывал нос белки. Братья просили положить им что-то новенькое, и особенно любили сухую еду собак.

Поев, и удобненько устроившись неподалеку друг от друга, они начали чистить свои перышки. Павлины вообще были очень чистоплотные и проводили за этим занятием довольно долгое время. Хорошенько почистившись, они легли на землю рядом с висящими тарелками с оставшейся едой, как бы охраняя её от будущих визитов жирной белки.

Братья чудесно провели свой день, сидя вместе перед двумя зеркалами, восхищаясь своей красотой, дружбой и согласием. Они были уверены, что для полноты счастья нужно всегда делать что-то вместе и веселиться. Это было самое важное в жизни.

***

Собачки

Некоторое время назад хозяйка заметила, что кто-то тайком бродит вокруг дома и по саду. Вдруг стали засыхать цветы и погибать цветущие кусты. А множество фруктовых деревьев и все молодые кипарисов у стен дома вдруг полностью почернели и засохли. Растения явно показывали все знаки того, что они были опрысканы особым ядом.

А потом однажды случилась страшная трагедия. Нанятые кем-то бандиты, отравили преданного пса, который мужественно защищал сад от их вторжения. Хозяева отвезли его в больницу, и там семь дней они боролись за его жизнь Пес, даже понимая, что он умирает, до последней минуты защищал своих хозяев….

Его давняя подруга, овчарка Соня стала свидетельницей гибели старого друга. Впечатлительная и ласковая собачка, боясь привлечь к себе внимание чужаков, вообще перестала лаять.

В тот же год, спасаясь от горечи потери, хозяйка взяла домой нового щенка. А молодой пес по имени Тузик не знал страха и громко лаял, учуяв где-то поблизости врагов, ворующих авокадо. Боясь за жизнь своих собак, хозяйка не хотела оставлять на ночь любящих овчарок во дворе. Старая Соня и юный Тузик спали в доме, в своих особых комнатках.

Молодой пёс Тузик был не только ревнивцем, но и собственником. Он считал, что все вокруг принадлежит только ему одному. С детства привыкший, что хозяйка всюду брала его с собой в её машине, он не любил оставаться один во дворе. А когда с ним оставалась старенькая Соня, он часто на неё рычал за то, что она пыталась лечь поближе к входной двери или к миске с молоком. Поэтому Соня предпочитала находиться в её прежнем, тихом месте в саду, с другой стороны дома.

Однажды, умненькая Соня вдруг с удивлением обнаружила, что в большой клетке её сада кто-то живет. Любознательная собачка решила, что для нее будет развлечением и забавой подойти поближе к клеткам и понаблюдать за птицами. Она шла туда тихо, как и все, что она делала. Потом она садилась невдалеке, и, глядя на павлинов, задавалась вопросами об их странных громких криках. Иногда она их спрашивала, можно ли им чем-то помочь, чтобы они почувствовать себя более комфортно и в большей безопасности.

Павлины были очень боязливыми птицами, и особенно они боялись собак. Так что, присутствие Сони рядом с ними их сильно нервировало. Они озирались и жались ближе к задней части клетки.

Иногда, когда хозяйка работала в саду, Тузик оставался у

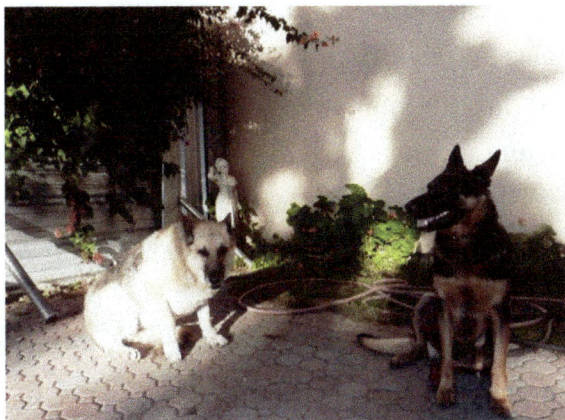

входной двери другой стороны дома. Но он там чувствовал себя как-бы брошенным. Песик беспокойно и громко лаял, прося, чтобы она взяла его поближе к себе и к птицам. Эмоциональный Тузик никогда не забывал своего самого большого веселья, когда он бодро стремился поймать первого павлина.

Тузик вообще все время пытается осмыслить его предназначение в доме, его смысл жизни. А позже, он почувствовал, что его работа охранять хозяйку от её визита к павлинам. Особенно он беспокоился и много лаял на птиц, когда она называла их «прекрасными мальчиками». Мой юный Тузик обожал хозяйку, и всегда хотел быть для неё только одним единственным «любимым и прекрасны мальчиком».

***

Происшествие

Как-то недавно произошел странный случай. Уходя из клеток и оставив еду для птиц на обычном месте, хозяйка (как ей казалось) заперла клетки на ключ, и уехала на дачу к океану. Две собаки на время отсутствия хозяев всегда оставались во дворе у дома.

Когда в обед хозяйка вернулась на ранчо, старшая собачка Соня была отведена назад в сад. Там, в тени развесистого дуба под навесом, она обычно проводила жаркие часы дня.

Уверенная, что павлины внутри их клеток, хозяйка поспешила в дом. Но буквально через минуту она услышала истошный крик павлинов, взывающий на помощь.

Бросившись в сад, хозяйка в шоке увидела, что один из павлинов сидит высоко на сетке, обтягивающей спуск в их дом, и кричит от ужаса. Это собачка Соня, погнавшись за павлинами, загнала его туда. А теперь она, сидя неподалеку, с любопытством наблюдала, что же будет дальше.

Хозяйка долго пыталась помочь павлину спуститься вниз. Но он был в испуге, не понимая, как ему вернуться домой. Тогда она подошла

22

вплотную и просто спихнула его вниз, думая, что он полетит в клетку. Но павлин еще больше напугался, и громко в отчаянии, захлопал крыльями.

- *Караул! Какое насилие, попрание прав павлинов! – спасайся, кто может!* – в панике закричал он, и помчался в другую сторону сада, теряя перья.

Хозяйка долго уговаривала павлина не бояться её. Но только через некоторое время ей, наконец, удалось направить его в сторону клеток. Оказавшись в безопасности, Петя огляделся, ища брата, но того нигде не было.

В саду было только несколько высоких деревьев, где павлин мог спрятаться. Хозяйка быстро их оглядела, и в отчаянии начала его искать. Ей подумалось, что павлина кто-то мог украсть или он мог бы улететь в горы, что были недалеко. Тогда она крикнула спасшемуся павлину, что был уже в клетке: - «*Зови своего брата!*»

И павлин как будто бы действительно понял, что ей нужна его помощь. И Петя начал громко звать своего брата:

-» *Пикок - Павлин! Где ты! Иди домой!»* –

***

А в это время, Петруша сидел высоко на дереве далекого дуба. Он перелетал туда, в панике спасаясь от охотившейся на него собаки.

Было видно, что Петруша был в сильном испуге. Раскрыв клюв, он тяжело дышал и озирался, не зная что делать. Уже вечерело, и павлину ужасно хотелось пить и есть, ведь он провел на дереве почти весь день.

Обойдя все окрестности, только на закате солнца, хозяйка, наконец, увидела вдалеке на высоком дубе голубое оперение павлина. Её радости не было конца. Но, не желая, чтобы эта

волшебная птица повторил судьбу первого павлина, хозяйка пошла к дубу его спасать. Она просила павлина спуститься вниз, долго умоляя его не ходить пешком, а просто перелететь назад домой. В то же время, его брат обеспокоенно звал Петрушу, указывая своим голосом правильное направление.

Но, как выяснилось позже, павлины летают только в критических случаях, в испуге, от чего-то спасаясь. Так что, и бедный Петруша, в страшном испуге от охотившейся на него собаки, перелетел огромное пространство. А потом, все еще в шоке от пережитого, он совершенно забыл, как это делается, и не желал вспомнить, что он умеет летать. А его полет мог бы стать для него самым простым и безопасно путем возвращения домой на зов блата.

В конце концов, не зная другого способа, Петруша медленно стал сползать вниз по веткам дерева. Хозяйка вздохнула с облегчением, когда он оказался на земле. Заранее открыв калитку в огороженный забором сад, она медленно пошла в сторону птицы, стараясь не напугать его еще больше. Остановившись от него в нескольких шагах, она преградила его движение в сторону гор, и, помахивая прутиком, направлять его к калитке сада.

Павлин понял стремление любящей хозяйки ему помочь, но не показал виду. Гордая птица просто медленно и величественно отправилась наверх холма, как бы на новую прогулку. А путь назад наверх к их клеткам был далекий и непростой, и вел по нескольким холмам и через кустарники. Павлин же шел медленно и важно, что-то поклевывая по дороге. Но вот, наконец, к великой радости брата, они добрались до клеток. Петруша запомнил это страшное для него приключение и помощь хозяйки. Он знал, что она спасла его жизнь, и он был ей навсегда за это благодарен.

***

Позже, прокрутив видеозаписи пространства вокруг клеток, хозяйка только и увидела, что павлины долго ходили недалеко от клеток. Они клевали что-то на земле, наслаждаясь чудесной погодой и долгожданной свободой. Потом они захотели вернуться домой, но двери клетки оказались закрытыми. Тогда павлины устроили уютненько около закрытой двери, и стали ждать свою хозяйку. Но тут примчалась собачка Соня и начала гоняться за птичками. Так они оказались на спасительной высоте деревьев.

Хорошо, что все хорошо кончается. Но переживаний и волнений от этого странного случая было много у всех.

***

Ястреб

Какое- то время хозяйка, зная, что павлины не улетят и могут гулять свободно в саду, держала дверцу в их клетки открытой. Но после опасного приключения в саду, они не часто выходили туда гулять. Но всегда жалеющий приключений, павлин Петруша, порой очень осторожно подходил вплотную к воротцам, ведущим наружу.

Он сидел у порога, наблюдая, что же такого хорошего на воле, куда все так упорно стремятся. В то же время, он частенько слышал совсем рядом голос кричащего ястреба. Голос был пугающий и жаждущий наживы. Это страшный голос безжалостного хищника звучал, как будто ястреб охотился на таких вот наивных простачков, какими и были павлины или совы. Ястреб ради забавы просто перекусывал их вертящиеся шеи.

Имея прекрасную интуицию и чувство опасности, Павлин Петруша, посидев у порога к такой желанной, но опасной свободе, вскоре возвращался к своему более осторожному брату. А его брат

25

теперь всегда наблюдал за ним издалека, сидя в огромной и безопасной клетке.

Но все же изредка, после восхода и на закате солнца, оба павлина выходили наружу поискать что-то новенькое. Они старались держаться поближе к воротцам клетки. Но погуляв совсем немного наружи, и поклевав что-то на земле, они звали друг друга домой, трубя как слоны. Этот трубный звук был их главным способом общения. Он звучал, как предупреждение в случае опасности, и часто означал как предупреждение.

***

Как-то пересматривая видео с камер наблюдения, хозяйка, к своему ужасу увидела, как ястреб на всей скорости влетел в открытую клетку к павлинам. Он охотился за маленькими птичками, которые искали спасения у огромных павлинов в их клетках.

Вдруг ястреб осознал, что в порыве охоты, он оказался в западне узкого и закрытого пространства. Он повернул голову назад, видя, что воротца клетки вот-вот закроются, и он окажется в ловушке. Ястреб был осторожен, умен и очень быстр в соображении. Он тут же развернулся и улетел прочь.

А две небольшие птички, воробьи, оказавшись внутри клеток, не могли найти выход, и бились там, запутавшись в проволоке двойных сеток. А павлины, понаблюдав за отчаянными попытками маленьких пташек, прошептали им, где выход на свободу. Павлины вообще считали себя существами высшего разряда, королевскими птицами, но были добры ко всем вокруг.

Теперь каждый раз, выгуливая собак, хозяйка собирала свежую траву, которую так любили павлины, и приносила им в клетку. А иногда она нарезала им яблоневые ветки, листья которой павлины обожали.

«Двери клетки теперь будут всегда закрытыми для моих прекрасных павлинов. Или мне придется сидеть неподалеку и наблюдать за тем, что происходит в саду», - подумала хозяйка.

Поговорки

В глазах совы её детеныш красивее павлина

***

Для совы свой птенец краше павлина.

***

Павлин красив, да ногами несчастлив.

***

Павлин бережет свой хвост, человек – свое доброе имя.

***

Вот жизнь человека: в двадцать лет — павлин, в тридцать — лев, в сорок — верблюд, в пятьдесят — змея, в шестьдесят — собака, в семьдесят — обезьяна, в восемьдесят — ничто. (Б. Грасиан (1601–1658) — испанский прозаик-моралист)

***

Тайна

Среди многих подвигов славного барона Мюнхгаузена есть один, связанный с дивной птицей. И звалась эта птица павлином. Барон решил выкрасть ее из дворца восточного правителя. Он не знал, как выглядит этот самый павлин. Но слышал, что у него удивительный голос.

Когда барон, наконец, проник в запретное помещение, то был потрясен красотой и пышностью птицы. Но стоило павлину запеть, и великий авантюрист в ужасе стал затыкать уши. Потому что вместо божественного пения раздалось кошачье: «Мяяууу»…

Свет-Тьма

Как говорится в древних легендах, в пантеоне древних иранских богов важное место занимает два божества. Первый - Спента-Манью, или Дух Света и Добра. Он ведет человека к наивысшему раскрытию, проявлению в нем творческих возможностей или Божественной Благодати. Но Дух Света и Добра не имеет определенной формы, как Божеству и положено.

И есть у него брат-близнец, - Дух Зла или Ангра-Майнью. Его часто изображают в виде Белого или Золотого Павлина. Его пышный распущенный хвост символизирует возможности человеческого выбора. Это вечный выбор между добром и злом, вечным и бренным, богатствами небесными и земными. Кто польстится на роскошное оперение павлина, тот обязательно услышит его ужасный голос. Это голос дисгармонии мира, создающий яркие и красочные формы, дразня человека. Как говорится, «заблудший» не успевает полюбоваться своими внешними достижениями, как его уже настигает смерть.

Некоторые тайные науки Европы брали за основу взгляд древних египтян на эту птицу. Египтяне, с одной стороны, считали павлина «хвосто-оким» или символом мудрости из-за множества глаз на хвосте.

Но в то же время, это была птица противоположная Фениксу, который возрождался из огня и пепла. Яркое многоцветное пламя напоминает павлиний хвост, но вскоре этот хвост остается на земле. Священная и бессмертная птица Феникс взлетает ввысь, в страну бессмертных, где они ищут счастье.

Участники некоторых обрядов или мистерий всегда получали

объяснение, что символизирует павлин, а что Феникс. И они прекрасно знали, что глаза «хвосто-окого» - это кривые зеркала, которые могут обмануть тех, кто попадет под их гипноз.

***

Год Обольстителя

Древние люди верили в гороскоп, считая год Павлина - годом страшных обольщений и обманов. В такой год проводили маскарады, надевались маски и костюмы, за которыми скрывалась истинная, сущность человека. Такой год настраивал людей на обретение земных благ, а не на работу ради других.

Считалось, что рожденный в год Павлина человек будет всю жизнь «выставляться», цепляться за славу и внешнее благополучие. А еще, такой человек может даже внести в жизнь множество безумных идей.

Такими годами являются, например, годы рождения 1927, 1959, 1991, 2023, 2055. Люди, рожденные в эти годы, не признают авторитетов, участвуют во множестве интриг, предательства и соблазнов.

Символикой павлина это бессмертие и долголетие. В хороших условиях павлины живут до пятидесяти лет. Павлин также символ Солнца и Дерева, и птицу называют «солнечной». А еще его связывают с цветком пионом, дарующим людям любовь, долгие годы жизни и счастье.

Люди, родившиеся в год Павлина, обаятельны, прекрасны внешне и умеют восхищать собой. Но часто такой человек «играет» на публику, демонстрируя таланты и стремясь к идеалу. Но он хватается сразу за несколько дел, забывая о главных аспектах бытия. Такой человек старается стать совершеннее и лучше тех, кто находится рядом. Самовлюбленный и тщеславный человек, родившийся в год Павлина, абсолютно спокойно относится к богатству и власти. Ему достаточно признания тех, кого он уже очаровал своими качествами.

Интересно, что в год Павлина родились Бальзак, Пушкин, Есенин, Льюис Кэрол, Ростропович и др. Эти творческие личности несли в мир свои идеи, а их многообразие напоминало павлиний хвост.

***

Созвездие Павлина

В Древней Греции павлин был священной птицей богини Геры, супруги самого Зевса. Не отстали от греков и римляне, сделав «хвосто-окого» любимцем Юноны. Более того, греки и римляне перенесли павлина на небо, назвав в его честь одно из созвездий.

Отношение древних индусов к павлину выразилось через йогу, где есть поза павлина. Говориться, что тот, кто становится на колени, выполняя это упражнение, получает мощнейший приток космической энергии. Есть верование, что *«два энергетических потока образуют единую стрелу, летящую к мозгу, увеличивая его внутреннюю силу».*

В южной Азии считается, что павлин предупреждает людей своим громким криком об опасности, о появлении тигров, змей или о грозе. А еще, если жители этих мест слышат настойчивые крики павлина, они знают о скорой дождливой погоде. Когда идет дождь, то Павлин беспокоится, выполняет танец в виде спирали. Именно поэтому эту птицу считают предвестником бури. Вот такая эта удивительная птица – павлин.

***

Об Авторе

Автор этой книги является экспертом в нескольких областях искусства, литературы и танцевального мастерства. Одаренный человек, Елена Булат, обладает обширными знаниями и постоянно изучает что-то новое. У неё глубокая интуиция, дар, развитый с детства, и дающий ей уникальную возможность внутреннего зрения и предсказания будущего.

Всю жизнь Елена активно участвовала во многих сферах жизни, переводит тексты, писала рассказы и статьи на нескольких языках, создала обложки и иллюстрации для своих книг. Её книги изданы во многих странах мира.

Более тридцати лет живя в Калифорнии, она преподавала Аргентинское танго и бальные танцы в своей школе, организовывает благотворительные концерты.

***

Все Права Защищены

***

Новые книги

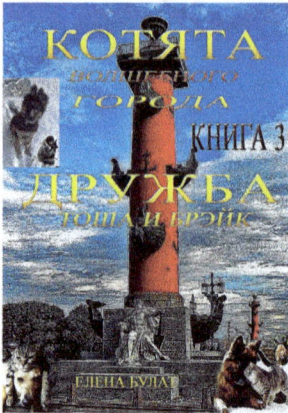

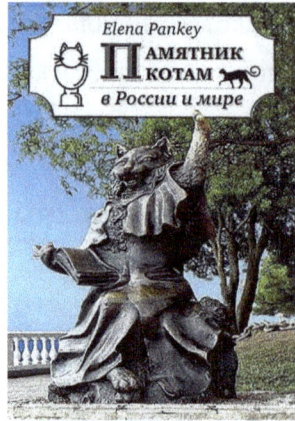

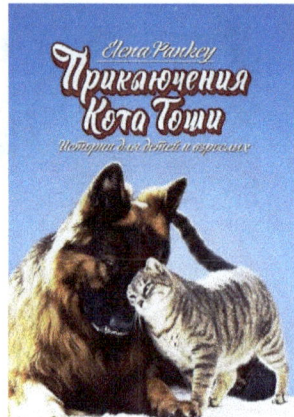

***